LETTRE

DE

Monsieur Eugène MARE

ADRESSÉE

AUX AMIS DE SON PÈRE.

Villeneuve-sur-Bellot, *le* 20 *janvier* 1863.

MONSIEUR,

L'intimité constante qui a régnée entre vous et mon père depuis de longues années, me fait croire que vous avez été vivement affligé de ses malheurs. Vous devez aussi avoir eu connaissance des indignes calomnies dont il a eté le but afin de lui ravir près de cinquante ans d'honorabilité commerciale, employés avec dévouement au service de son pays.

Aussitôt ses affaires terminées mon père se propose, par une brochure, de dévoiler avec sa franchise habituelle, quel était le véritable état de ses affaires au moment où il faisait appel à ses créanciers et quels étaient les moyens qu'il espérait employer pour les désintéresser totalement.

Je n'anticiperai que fort peu sur les idées de mon père qu'il saura développer mieux que moi ; mais en attendant je crois de mon devoir de vous faire connaître par un inventaire, que j'ai fait avec tout le scrupule et la conscience dont je suis capable, quel était son actif au 10 février 1862. J'y ajouterai le récit des faits qui m'ont le plus vivement touchés et qui vous montreront de quelle façon a été menée cette malheureuse affaire.

Dans cette circonstance les chiffres ont plus d'éloquence que les paroles.

Voici cet inventaire :

INVENTAIRE DES PRINCIPAUX OBJETS COMPOSANT L'ACTIF DE LA MAISON MARE, AU 10 FÉVRIER 1862, ESTIMÉS A LEUR VALEUR RÉELLE.

	Francs.	Francs.
Immeubles.		
1°. Un moulin de cinq paires de meules, magasins, écuries, jardins et dépendances. Deux maisons, une grange ; le tout ayant couté plus de 150,000 francs.	100,000	
2°. Une maison à Château-Thierry, ayant couté plus de 50,000 francs, estimée.	40,000	
3o. Deux pièces de prés plantées d'arbres fruitiers.	2,400	
4°. Une petite pièce de terre sur la route de Bellot.	100	
5o. Oseraies de Saint-Martin vendus.	320	142,820
Sommes dues et créances.		
1o. Sommes dues et valeurs (mauvaises non comprises).	20,000	
2o. Une créance sur une maison d'Épaux (intérêts).	1,200	
3o. Onze actions du journal le Courrier des marchés.	1,375	
4o. Créance Barry. Somme à recevoir.	1,300	
5o. Créance sur la maison Moreau.	1,900	25,775
Marchandises en magasins.		
1o. A Paris, 475 sacs farine (730 quintaux) pouvant être vendus 72 francs. Différence.	5,500	
2o. A Château-Thierry, 73 quintaux farine première à 45 fr.	3.225	
3o. A Villeneuve, 100 quintaux farines diverses à 28 fr.	2,800	
4o. Marchandises diverses.	1,000	
5o. 10 quintaux avoine à 20 francs.	200	
6o. 1,500 botes de foin à 50 francs.	750	
7o. Un tas de fumier et paille des chevaux.	100	
8o. Coupe des foins de 1862 vendue.	120	13,695
Chevaux.		
1o. Paourd, cheval gris ardoise.	1,000	
2o. Breton, cheval blanc entier.	600	
3o. Tambour, cheval gris pommelé.	550	
4o. Favori, cheval gris pommelé.	500	
5o. Joseph, cheval baie de cabriolet.	500	
6o. Fassin, cheval noir.	425	
7o. Vieux-Gris, cheval hors d'âge.	100	3,675
Grosses voitures et attirail.		
1o. Un Charriot avec 4 roues et essieux de rechange.	1,500	
2o. Une charrette farinière, dite 4 pouces.	400	
3o. Une charrette farinière, à 2 chevaux.	200	2,100
	à reporter	188,065

	Francs.	Francs.
report.		188,065
4o. Une charrette farinière à 1 cheval (de Château-Thierry).	150	
5o. Une petite charrette.	100	
6o. Un Tombereau monté sur ses roues.	100	
7o. Une charrue neuve de Brie.	100	
8o. Une herse de France, neuve.	30	
9o. Cornes à fourrages et autres, Banquette, chèvre, câble.	100	580

Voitures Bourgeoises.

1o. Une Callèche à 1 ou 2 chevaux.	1,000	
2o. Un Cabriolet à capote.	500	
3o. Un char à bancs.	300	1,800

Harnais de Château-Thierry.

1o. Un harnais de callèche à 2 chevaux.	200	
2o. Deux harnais de cabriolet.	150	
3o. Un harnais de charrette.	60	410

Harnais du moulin.

1o. Harnais de charriot p. 6 chevaux avec caparaçons, etc.	400	
2o. Deux gros harnais de limon complets.	150	
3o. Quatre colliers de rechange à 10 francs l'un.	40	
4o. Six brides de rechange à 6 francs l'une.	36	
5o. Quatre paires de traits à 20 francs (cuirs et chaines).	80	
6o. Deux harnais de petite charrette et char à bancs.	100	
7o. Trois paires de traits de charrue à 5 francs.	15	
8o. Une selle et bride de selle, bridons.	30	851

Objets divers.

1o. Fourches, crochets, pelles, coffres à avoine, abreuvoirs (aux deux maisons), et autres objets d'écurie.	50	
2o. Un Bateau et ses avirons, ayant couté 150 francs.	50	
3o. Un Pétrin en chêne, neuf, roullette à pain, pelles à four, table, etc..	50	
4o. Un fourneau de cuisine économique, en fonte et briques, avec chaudière et robinet en cuivre, fours, réchauds, etc., ayant couté plus de 400 francs (tout neuf).	300	
5o. Un buffet de cuisine, tablettes, etc..	30	
6o. Trois chantiers de cave, tinettes, cuvier.	20	
7o. Deux grilles mobiles en fer, pour les canards.	50	
8o. Dans le grenier, cordages, feraille, ardoises, fenêtres.	50	600

MOulin. Objets Divers.

1o. Quatre brouettes de magasin à 15 francs l'une.	60	
2o. Deux bascules de Strasbourg avec série de poids à 60 fr.	120	
3o. Marteaux à rhabiller, moufles tendeurs et autres, crics, réservoir à huile, cribles en peau, échelles, mesures, pelles, ballets, etc., etc..	500	680
à reporter		192,986

	Francs.	Francs.
report.		192,986
4o. Un grand meuble servant de 4 lits pour gardes-moulin.	100	
5o. Une presse à plomber les sacs et plombs.	25	
6o. Huile à graisser, 1/2 tonne.	50	175

Pièces détachées et de rechange.

1o. Un moulin à semoule et sa commande ayant coûté 3,000 francs et valant encore.	1,000	
2o. Trois coussinets en bronze pour la roue hydraulique.	75	
3o. Cinq pointes pour les fers de meules, (neuves).	25	
4o. Différents objets pour la roue hydraulique, tels que : plattes-bandes, boulons, goussets, renchaussures, etc..	50	
5o. Quatorze aubages pour la roue, à 2 francs.	28	
6o. Une meule neuve, sous la remise.	100	1,278

Magasin de Château-Thierry.

1o. Trois brouettes à 15 francs l'une.	45	
2o. Un tarrare avec 4 grilles de rechange.	100	
3o. Deux bascules de Strasbourg et poids à 60 francs.	120	
4o. Un tir-sac, poche anglaise, cribles, mesures, pelles, ballets, etc..	155	415

Moulin Batard.

La prisée ayant couté 4,000 francs et dont on pouvait retirer au moins 2,000.	2,000	2,000

Sacs vides.

Estimés au moins à 6,000 francs.	6,000	6,000
		202,854

Je puis encore ajouter les objets vendus par les syndics m'appartenant ainsi qu'aux mineurs Chemin, savoir :

1o. Une forge, établi, outils composant l'atelier, etc..	100	
2o. Ameublement du bureau, composé de cheminée à la prussienne et ses tuyaux, pelle, pincette, souflet, 3 chaises, 2 cassiers, cartons, tablettes, garnitures de bureau, etc., le tout appartenant aux mineurs, ci.	200	
3o. Objets détournés de la maison de Château-Thierry (qui faisaient partie du mobilier de mon père), par certains créanciers, tels que bois de chauffage et autre, vin, meubles, etc.	346	646
Total général.		203,500

Ainsi après quatre années mauvaises et pleines de difficultés qui nous causaient des pertes continuelles, et qui en dernier lieu se montaient jusqu'à dix mille francs par mois, mon père se trouvait encore à la tête d'un actif de plus de deux cent trois mille cinq cents francs ! ! ! !

Cet actif lui coûtait plus de trois cent mille francs... Aujourd'hui encore je défie de reconstruire un pareil moulin, le pourvoir de tout, pour pareille somme.

On le voit, l'avoir que possédait mon père commandait à des ménagements dans l'intérêt des créanciers et obligeait à des égards envers un honnête homme qui se résignait à la misère en abandonnant tout... (Sauf son modeste mobilier). Que voulait-on de plus ?

Les intentions de mon père étaient donc pures et loyales. Du reste jusqu'au 10 février 1862 il ne s'était jamais cru insolvable, il connaissait les dangers des grandes affaires. Il s'était toujours promis de s'arrêter à temps, c'est ce qu'il voulait faire.

Dans un moment aussi désastreux il croyait remplir un devoir en faisant appel à ses créanciers pour leur exposer sa position et aviser avec eux aux moyens à prendre. Mais hélas ! au lieu de lui prêter la main, on l'a précipité dans l'abîme pour tout engloutir avec lui.

Cependant il est un fait remarquable à faire ressortir ici : c'est que la grande majorité des créanciers ne lui était point hostile et que bien loin de là elle lui était favorable. On l'a vu à la première réunion, qui a été des plus touchantes et pleine de bienveillance pour mon père. Tous les créanciers s'étaient ralliés à ses idées pour une liquidation amiable, on avait même décidé sans *opposition* qu'il resterait à la tête de ses affaires pour opérer cette liquidation, sous la surveillance de trois commissaires nommés à cet effet.

Voilà où en étaient les choses au 15 février. — Mais quel revirement ! Il semble que le génie du mal soit venu arrêter ces bonnes dispositions pour tout bouleverser, car ces commissaires qui n'étaient que pour surveiller ont violé les conventions.

arrêtées par la masse des créanciers et sont venus audacieusement chasser mon père de son moulin afin de s'emparer de son pouvoir et faire main basse sur tout ce qu'ils ont trouvé. Puis vendant à vil prix, chevaux, voitures, attirail, etc., etc., disposant des recettes et marchandises : et cela, de quel droit ? ? ? ? C'est ce que nous n'avons pu encore savoir. Ils ont aussi fait faire des moutures pour dissiper et perdre beaucoup d'argent, tandis que l'avis de mon père, adopté par les créanciers, était, qu'en raison de la baisse qui arrivait à grands pas, de vendre les farines qui étaient en entrepôt et en magasin, puis ne faire que des moutures à façon pour les boulangers et ne travailler pour soi qu'autant qu'il y aurait avantage. Mais ces MM. se seraient cru déshonorés de suivre d'aussi sages conseils, ils ont donc fait tout le contraire ; on pourra le voir par les comptes de leur gestion.

Pendant ce temps il se tramait un infernal complot à Château-Thierry. On y accusait mon père d'avoir fait un détournement de fonds de cinquante ou soixante mille francs, au préjudice des créanciers.

Qui pouvait l'accuser ainsi si ce n'était la même influence ? Mais ce qui a causé le plus de douleur à mon père c'est d'avoir appris que des créanciers qu'il croyait de ses amis et dont plusieurs avaient gagné beaucoup d'argent en traitant d'importantes affaires avec lui depuis 20, 30 et même 40 ans, étaient ceux qui avaient mis le plus d'acharnement à pousser aux mesures violentes et cruelles qui ont été prises contre sa personne. Ce qui encore est incroyable, c'est que pas un seul de *ces amis* n'a eu le courage de le prévenir de ce complot ourdi contre lui ; car il se serait présenté dans ces réunions pour y repousser, avec toute son énergie, ces infâmes calomnies inventées pour le faire arriver aux indignes traitements qu'il a eu à subir.

Comment aussi qualifier cette étrange conduite de gens qui connaissaient mon père pour n'avoir jamais commis une action blâmable ? ? ?

Au milieu de cette affreuse conspiration, menacé de toute part, abandonné de tout le monde, même de son conseil qui lui faisait défection en passant dans le camp ennemi, que pouvait faire mon père ?

Il alla donc prendre avis de son avocat qui lui dit : « Vous « ne pouvez rester dans cette cruelle situation ; vous n'avez qu'un « parti à prendre : c'est de déposer votre bilan ».

Voilà donc mon père amené, *obligé même*, d'accepter cette affreuse position qu'il redoutait tant, laquelle devait porter atteinte à son honneur et anéantir les ressources importantes qu'il voulait conserver à ses créanciers, dont les trois quarts étaient de sa famille et de ses amis, et *tous décidés* aux plus grands sacrifices pour le sauver. Enfin, cet homme que tous les honnêtes gens qualifie *toujours d'honorable*, a été obligé de subir ces humiliations non méritées ; aussi malgré la fermeté de son caractère, le trouble lui avait pénétré jusqu'au fond de l'âme et l'avait rendu fou pour un moment. Je m'arrête sur ce point..... Il me fait horreur ! ! !

Il est donc évident que l'infâme accusation de détournement de cinquante à soixante mille francs, lancée contre mon père et qui avait si fort provoqué la colère de certains créanciers, n'était qu'un prétexte pour l'évincer de la liquidation qu'il devait présider et pour quelques uns, se donner le plaisir de le faire traiter comme ils l'ont fait.... C'était donc une infâme trahison.

Si encore cette trahison avait pu leur donner un bon résultat, ils auraient pu se dire : *c'est la fin qui justifie les moyens.* Mais quelle cruelle déception ! On le verra par les comptes que vont présenter les syndics.

Aujourd'hui que le drame est joué, il ressort un fait bien constant : c'est que la liquidation amiable faite par mon père, aurait donné les moyens de tout payer et que celle faite par les commissaires et syndics aura tout perdu ou à peu près.

Je me demande ce que peuvent dire les créanciers restés calmes, ils avaient donné leur pouvoir pour que la liquidation se fasse par mon père, dans lequel ils avaient toujours confiance, ils n'avaient donc pas donné de pouvoirs aux commissaires pour le chasser de son moulin et se substituer en son lieu et place pour amener le désastre qu'ils ont causé.

Tout mandataire qui dépasse les pouvoirs du mandant est passible du dommage qu'il cause. Ils ont donc droit de demander compte de ce dommage aux commissaires.

Que les créanciers irrités fassent donc un retour sur eux-mêmes, ils reconnaîtront qu'ils se sont laissés entraîner trop loin par des conseils perfides. *Les conseilleurs ne sont pas les payeurs*, dit-on, et ils le verront trop bien. Au lieu de s'éloigner de mon père, ils auraient été mieux inspirè de s'en approcher pour s'entendre avec lui. Il ne faut pas se dissimuler, il était le seul qui avait, en cette occasion, les capacités, la volonté et avec cela le devoir de mener cette liquidation à bonne fin.

J'ai dit que jusqu'au 10 février, mon père ne s'était jamais cru insolvable, et en effet, il ne l'était pas. Il pouvait payer et voici comment.

Il aurait vendu :

1°. Sa maison de Château-Thierry, mais à son prix.

2°. Tout l'attirail, les marchandises, etc..

3°. Il aurait réalisé les sommes dues et créances de toutes sortes.

Toutes ces ressources devaient donner plus de cinquante pour cent. Restait le moulin qui en temps ordinaire pouvait être loué six mille francs.

Mon frère le prenait pour cinq mille francs. Il lui était loué quatre mille francs, mais ce n'était que temporairement en raison de la difficulté du moment ; on pouvait donc vendre le moulin sur un revenu de cinq mille francs et laisser mon frère jouir de son bail, en attendant les amateurs. Mon frère arrivait avec les capitaux que lui apportait sa jeune épouse pour être en position de commander ses affaires sans avoir recours à des escomptes qui sont, dans ces temps-ci, une des causes de la ruine du négociant.

Par une liquidation opérée de la sorte, tous les créanciers auraient été payés. En tous cas, pour quiconque connaît mon frère, il doit savoir qu'il porte le cœur et les sentiments élevés de sa famille ; il n'aurait jamais voulu mettre de bénéfices dans sa poche, avant d'avoir préalablement désintéressé les créanciers de son père. Il a, avec cela, les qualités qui font réussir ; le travail, la conduite et les capacités. C'était donc une sécurité de plus.

Je ne crois mieux faire que de citer un exemple du bon cœur de mon frère. Il gagne son procès en première instance pour les quinze mille francs qui lui revenaient de son mariage, il s'empresse de les abandonner aux plus grandes victimes de nos malheurs. Il perd en appel, les victimes n'auront rien à recevoir, mais mon frére reste avec *douze cents francs de frais*. Avec quoi les paiera-t'il, si ce n'est avec la bourse de son beau-père ? Il est donc bien vrai qu'un malheur en entraîne un autre. Il est évident que si mon frère avait repris le moulin, tout était sauvé pour les créanciers. Mon père avec sa grande expérience des affaires lui venait en aide et moi, quoiqu'infirme, je pouvais encore lui être utile ; de plus, ma pauvre mère aurait pu finir ses jours près de sa famille, qu'elle a la douleur de voir dispersée.

Je ne puis à cette occasion m'empêcher de faire remarquer que l'ignorance et la plus grande incapacité commerciale ont présidé à ce dernier mode de liquidation, et ce dicton populaire : *à chacun sont métier, les vaches sont bien gardées*, est bien applicable ici, car tout a été dit et fait pour déprécier ce moulin d'une si grande importance.

1°. Sur son emplacement.

2°. Sur son déversoir.

3°. Sur sa force hydraulique, qui sont les trois principales causes de la valeur de ces établissements. Je répondrai que :

1°. L'emplacement est bon pour qui saura s'en servir.

2°. Qu'il n'y a rien à toucher à la chute d'eau, qui, au contraire, peut être améliorée sans nuire à personne.

3°. Quant à la force du moulin qu'on annonce officiellement ne pouvoir faire que trois mille sacs de farine par an, tandis qu'il en faisait de *douze à quinze mille*.

Il n'est donc pas étonnant que ces agents aient trouvé le nombre de nos employés trop considérable.

Il n'est pas aussi jusqu'à notre maison de Château-Thierry qui n'ait été le but de leurs critiques, pour les frais *ruineux* (selon eux) qu'elle nous causait.

J'y répondrai en disant que ma mère n'y avait pas même une bonne; que nous n'y avions *pour tout notre service*, que notre fidèle Joseph connu de toute la ville, qui faisait depuis les fonctions de premier commis jusqu'à celles du dernier serviteur.

Je dirai encore que notre maison de Château-Thierry nous était d'une grande utilité pour l'écoulement de nos farines et pour beaucoup d'autres services qu'il est inutile de récapituler ici. J'ajouterai que pour qui connaissait notre maison, il n'y avait rien de superflu et que, lorsque nous mangions la soupe à Château-Thierry, nous ne la mangions pas à Villeneuve, ce qui revenait au même, cela ne pouvait donc causer des dépenses *sérieuses*?

Toutes ces appréciations, ces critiques sans motif ni raison, ne prouvent-elles pas la complète ignorance de leurs auteurs sur la matière? Ou alors il y avait un but, qui était : que plus on déprécie la chose, plus on déprécie le chef.

On voit le discrédit outré porté contre le moulin au point de faire fuir les amateurs, même dans un temps des plus propices à la meunerie.

Tout a donc été *dit* et *fait* pour déverser le blâme et la diffamation contre mon père, afin de justifier cette exécution violente pratiquée contre lui. Il ne suffisait donc pas de le dépouiller de tout ce qu'il possédait, on voulait encore le faire condamner aux galères à perpétuité! Quelle infamie! Fort heureusement qu'il y avait des juges qui n'ont, dans leur justice et leur équité, pu donner satisfaction à ce qu'on leur demandait.

Aussi après les accusations les plus atroces, venaient les critiques les plus stupides. On a vu de ces gens qui n'ont aucune connaissance de la partie, oser avancer que mon père n'était pas meunier et qu'il était fort peu intelligent.. Qui donc connaissait mieux que mon père cette partie! (*théoriquement il est vrai*) Mais n'a t'il pas fait de moi et de mon frère des *meuniers praticiens!* au point que mon frère est arrivé, par ses connaissances de l'art, à pouvoir être contre-maître dans les plus importants établissements de meunerie ? Quant à moi si mes infirmités m'empêchaient de travailler manuellement, les connaissances que j'ai acquises en meuneries me restaient pour guider nos ouvriers, même les plus *habiles*. Il en était de même de la partie mécanique.

Que toute critique cesse donc à ce sujet.

Je dirai encore à ces censeurs, qui ne connaissaient rien au métier, que pour le *bon travail*, la réputation du moulin de Villeneuve était faite et que les capacités n'y manquaient pas. Nous y avons formé et perfectionné plus de vingt sujets qui sont tous aujourd'hui à la tête de grandes usines. Il y en a même en Espagne, en Pologne et jusqu'au Mexique, qui sont contre-maîtres de grands établissements de quarante paires de meules et plus. Dira-t'on encore que ces jeunes gens ont appris avec des maîtres ignorants et incapables?

Dans le blâme attribué à mon père, il y en a une partie à mon adresse. C'est le manque de soin et le désordre qui existaient dans le moulin. Selon ces calomniateurs, nos six employés étaient des voleurs !!!! Je commence par protester de toute mon énergie contre cette atroce accusation portée contre ces jeunes gens qui nous servaient avec autant de fidélité que de dévouement ; je puis ajouter encore à la louange de nos employés que tous aussi remplissaient leurs devoirs et que malgré mes infirmités j'avais assez d'influence sur eux pour leur faire exécuter un bon travail accompagné des soins et de la propreté nécessaires dans de pareils établissements.

Pour quant à ce qui me concerne, je me bornerai a répondre que le désordre n'a commencé dans notre moulin que du jour où les commissaires y sont entrés. Il semble qu'ils y aient été envoyés en éclaireurs, comme une bande de Cosaques, pour commencer le pillage que leurs chefs voulaient continuer après.

Je m'arrête. Je m'aperçois même avoir été plus loin que je me l'étais proposé. Mais on comprendra à quel point les malheurs de mon père ont pu m'impressionner. Toutes les peines qu'il a éprouvées, je les ai éprouvées, si ce n'est peut-être avec moins de courage. Ainsi ce que je viens de dire sera autant de besogne faite pour lui. On pourra remarquer aussi que si mes paroles se ressentent de l'aigreur que m'ont fait éprouver nos misères, au moins elles ne sortent pas de la vérité. Le sujet est loin d'être épuisé, car mon père aura à s'enquérir comment il se fait que c'est lui qui devait convoquer les créanciers pour en obtenir un concordat et qu'on les a assemblés sans le prévenir? Il y avait donc encore un but pour en agir ainsi.

Néanmoins, mon père arrive à temps à l'assemblée. Il demande un sursis de quinze jours, on lui en accorde huit; puis une heure après, *en son absence*, on revient sur cette délibération. Cependant il était encore temps d'arrêter le désordre qui se faisait; mais la même influence était toujours là.

Mon père aura encore à demander quel usage on a fait des pouvoirs de cette masse de créanciers qui lui étaient si favorable, et comment il se fait qu'ils ont servi à toutes les mesures prises contre lui?

Il n'est pas jusqu'à ma sœur, madame Préaut, qui ne se trouve par son pouvoir, avoir voté contre son père.

Il a encore d'autres griefs à éclaircir, mais ce sera son affaire.

Que peut-on dire aussi de cet oracle du malheur qui vient dire et affirmer, dans une assemblée sérieuse (trop sérieuse même), que mon père ne pouvait prétendre à liquider ses dettes!!!! n'était-ce pas l'équivalent du cri de *sauve qui peut*, jeté dans les rangs d'une armée aux prises avec son ennemi? Aussi qu'elle déroute il en est advenu!

Il ne pouvait, dites-vous, prétendre à liquider ses dettes! tandis qu'à ce moment même, il y avait de quoi y faire face!!!! Et qu'en liquidant dans un moment favorable, à la valeur des choses, *au prix de facture comme on dit*, il pouvait, après avoir tout payé, lui rester encore de quoi vivre avec sa famille.

De plus, si on l'avait laissé à la tête de ses affaires, en lui accordant quelques tempéraments, il pouvait encore ramener la fortune à lui : 1848, en est un exemple.

En moins de quatre années de travail, mon père venait de gagner plus de cent mille francs, il en avait fait gagner cinquante mille à son associé, monsieur Thiéquot. La révolution éclate, elle lui fait perdre tous ses bénéfices et *plus*, par la baisse et les faillites, et le met dans un grand état de gêne ; néanmoins, malgré cet échec, et avec des années mélangées de difficultés, il était cependant parvenu à relever ses affaires.

Dans cette dernière crise, qui vient d'éprouver si cruellement la grande meunerie et le haut commerce des céréales, il s'est trouvé des maisons honorables et considérables dont les chefs ont été réduits à ne pas avoir vingt pour cent à offrir à leurs créanciers, eh bien ! ceux-ci ont eu le bon esprit de les laisser à la tête de leurs établissements. Ils ont eu raison, car c'est le seul moyen d'en être payé, et j'ose prédire qu'ils le seront. Tandis que mon père, qui avait de quoi payer, a été exécuté impitoyablement et par quels moyens encore ! ! ! ! Chose étrange ! ce sont les créanciers qui avaient le plus gagné avec lui et qui avaient le plus à perdre, qui se sont mis de la partie pour l'abattre en venant en aide aux agents chargés de cette exécution. Ceux-ci au moins y trouvent leur avantage, mais que dire des autres ? Il n'y a pas eu un pareil exemple à cinquante lieues de Paris. Croirait-on que nous sommes en 1863, siècle tant vanté pour sa perfection et ses lumières !

Avant de terminer, il me reste à dire quelques mots sur la vente du moulin, de cet établissement qui a coûté tant de soucis et d'argent à mon père, de ce moulin à cinq paires de meules[1], neuf, monté d'après le nouveau système et à deux heures et demi de Paris, a été vendu d'abord trente mille cent francs, puis, m'a t'on dit, trentre trois mille francs ?

---

1. Le moulin a été construit pour cinq paires de meules : le beffroi, les fontes, jeux de blutteries et nettoyages, tout a été fait pour cela. Si la cinquième paire de meule n'a pas été mise en place, c'est la raison que la force était employée par le *moulin vertical* qui est toujours dans le moulin.

C'est tout au plus le prix de sa force hydraulique, qui est de trente cinq chevaux vapeur.... C'est loin d'être la valeur de la prisée (mécanisme) qui coûterait encore aujourd'hui quarante à cinquante mille francs à construire.

Vendre trente trois mille francs un pareil immeuble sur lequel reposait les plus grandes ressources, c'est une calamité ! ! !

Mais quand on aura payé monsieur Pille, les frais, puis encore des frais (car il y a toujours des frais), que restera-t'il aux créanciers ? *Rien* ou *presque rien*. Mais à ce prix, il y aurait eu dix moulins à vendre, la position des créanciers n'aurait pas été améliorée.

Si mon père était resté à la tête de la liquidation, pense-t'on qu'il aurait vendu le moulin trente trois mille francs ? Oh non ! Que doivent donc dire aujourd'hui les auteurs de cette débâcle ; la mettront-il encore sur le dos de mon père ? C'est possible....

Si la meunerie éprouve en ce moment une crise des plus malheureuse, elle n'a pas dit pour cela son dernier mot, il reste même pour le moulin un avenir auquel les *habiles* n'ont pas songé.

Comment ! c'est au moment où l'on détruit tous les grands moulins de la Marne pour sa canalisation, que l'on vend le moulin de Villeneuve à vil prix ! ! ! C'est dans un moment où la ville de Paris est en quête d'un cours d'eau important, tant pour la qualité de l'eau que pour son élévation, et qu'elle ne peut trouver à cent lieues rien de semblable à la rivière du Petit-Morin et vous ne cherchez pas à tirer parti de cette position ?

Qu'on le sache bien, la rivière du Petit-Morin prend sa source dans les *craies* de Champagne qui donnent des eaux excellentes. Prises au moulin de Villeneuve (vingt lieues de Paris), elles sont en surélévation de plus de soixante mètres sur La Ferté-sous-Jouarre ; on pourrait donc leur donner un courant rapide et arriver aux buttes les plus élevées de Paris. (Déjà des ingénieurs sont venus prendre des plans et étudier le niveau de ces eaux).

Nous ne serions donc pas étonnés, mon père et moi, qu'un beau matin la ville de Paris envoyât demander aux nouveaux propriétaires ce qu'ils veulent vendre leur *chûte d'eau*, et s'ils voulaient faire les récalcitrants, on les expropiraient aussi, oui : mais avec la différence que l'expropriation par la ville de Paris enrichit et que celle des syndics ruine totalement.

Quel triste sujet de réflexion ; car on ne pourra jamais comprendre que ce sont des créanciers si sensibles à leurs intérêts qui ont aidé et poussé à cette liquidation sauvage pour tout perdre ou à peu près.

Ils se sont donc punis eux-mêmes. Mais qu'ils regardent à côté d'eux, il y a des victimes qui n'ont rien fait pour causer cette catastrophe et qui en subissent les conséquences. Il n'est pas jusqu'à nos deux orphelins qui n'aient été dépouillés de leur patrimoine.

Je me demande encore à quoi a donc servi tant d'outrages déversés, comme à plaisir, contre cet homme de bien qui voulait et pouvait tout payer ? Après l'avoir incriminé pour le perdre, il n'est pas d'épithètes injurieuses que ses calomniateurs n'aient employées pour rabaisser et traîner dans la boue cette longue vie honnête et sans tache. A bout d'invectives et d'injures, ils ont osé traiter de *mou* et *peu actif* celui pui depuis quarante sept ans vit au milieu d'eux et n'a cessé un seul instant de leur donner l'exemple de la plus grande activité. Voyez ce qu'en pensent ces braves habitants de Villeneuve et des environs, avec lesquels il faisait de si grandes affaires depuis près de vingt ans ; eux qui l'ont vu à l'œuvre pour créer son établissement ; qui avait tant donné d'importance à leur pays en y provoquant un commerce qui n'y avait jamais existé. Aussi la plupart d'entre eux considère sa chute comme une calamité publique.

Était-il mou et peu actif cet homme qui, dans un lieu à l'écart, faisait de six cent mille francs à un million d'affaires par an ? et quelque temps qu'il fasse, on le voyait toutes les semaines à Paris, à son moulin et à ses affaires, à Château-Thierry et autre part.

Était-il mou et peu actif celui qui, à dix-sept ans, s'arrachait des bras de sa famille et faisait quatre cents lieues pour aller rejoindre *volontairement* notre grande armée à Vienne, en Autriche, pour accomplir quatorze années de services et campagnes. Si après nos désastres de 1815, il en rapportait l'épaulette d'officier de la garde impériale, croyez-vous que c'était pour lui servir de certificat de mollesse et de son peu d'activité?

Rien n'a donc pu arrêter ces accusateurs; si tous leurs outrages avaient pu amener quelque bien, mon père aurait pu encore leur pardonner, car en abandonnant tous ses biens, *seul*, il pensait rester victime de ses malheurs. Mais ils ne lui ont pas même laissé ce triste privilège de son dévouement.

Que demandait-il donc pour prix de tant de sacifices??? Qu'on lui laissât son honneur!!! Mais qu'est-ce que l'honneur aux yeux de certains individus? Si ce n'est un mot puéril et presque ridicule.

Voilà à quoi sont exposés les plus grands industriels quand ils se trouvent dans un moment de détresse.

Je ne suis donc plus étonné du haut intérêt porté à mon père, par ce grand nombre de négociants de Paris et d'autres villes où il est connu. Il en est de même à Château-Thierry, à Villeneuve et dans leurs environs. Partout, il s'est trouvé dans tous les rangs de la société des cœurs généreux qui ont pris une grande part à ses malheurs. Il n'est pas jusqu'à des personnes haut placées qui ne se soient empressées d'aller lui porter des consolations, jusque dans ce lieu où il n'aurait jamais dû paraître.

Oh! merci mille fois à vous tous, de ces marques de sympathie et de tendre amitié, car elles lui ont été bien douces au milieu de ses chagrins et de ses misères.

Je vous prie d'agréer, monsieur, l'expression de la haute considération avec laquelle je suis

Votre dévoué serviteur,

Eugène MARE.

MONTMIRAIL. — IMPRIMÉ CHEZ BRODARD-LIEGAUX

www.ingramcontent.com/pod-product-compliance
Ingram Content Group UK Ltd.
Pitfield, Milton Keynes, MK11 3LW, UK
UKHW020959230726
13924UKWH00009B/134